Im Bereich der Schmuckgestaltung hat sich das Perlenfädeln zu einem Trend entwickelt. Kein Wunder, lassen sich doch mit hochwertigen Perlen wie Rocailles und Delicas aus Japan oder glitzernden Swarovski®-Kristallperlen wunderschöne hochwertige Schmuckstücke kreieren.

Auf den folgen Seiten finden Sie Beispiele für Schmückendes in der Technik „Right Angle Weave", zu deutsch „rechtwinkliger Stich". Die Grundtechnik ist sehr einfach und vielseitig, verschiedene Variationen eröffnen zahlreiche Gestaltungsmöglichkeiten. Schlichte Ringe lassen sich ebenso herstellen wie effektvolle Schlauchketten, Fassungen für Steine oder elegante Armbänder.

Das Schöne am Gestalten von Schmuck ist, dass Sie die Farben nach Ihrem Geschmack abwandeln können und so ganz individuelle Schmuckstücke erschaffen. Aber natürlich freuen sich auch Ihre Freundinnen, ihre Schwester, Mutter, Tante ... über ein einzigartiges Schmuckstück aus Ihrer Kollektion.

Diane Averdiek Lydia Klös

Breite Armbänder

zart und filigran

LÄNGE
ca. 19 cm

MATERIAL

ARMBAND IN LILATÖNEN

* 2 g Stäbchenperlen in Lila, metallic, matt, ø 4 mm
* 2 g Rocailles in Transparent mit Farbeinzug in Lila, ø 3 mm
* 2 g Rocailles in Transparent mit Farbeinzug in Flieder, ø 3 mm
* 2 g Würfelperlen in Flieder, ø 2 mm
* 9 Glasschliffperlen in Flieder metallic, ø 3 mm
* 2 Wachsperlen in Rosa, ø 8 mm
* Fädelgarn

ARMBAND IN GRÜN-TÖNEN

* 2 g Stäbchenperlen in Petrol, metallic, matt, ø 4 mm
* 2 g Rocailles in Transparent mit Farbeinzug in Hellgrün, ø 3 mm
* 2 g Rocailles in Transparent mit Farbeinzug in Mittelgrün, ø 3 mm
* 2 g Würfelperlen in Petrol, metallic, matt, ø 2 mm
* 5 Glasschliffperlen in Hellgrün, metallic, ø 3 mm
* 2 Wachsperlen in Dunkelgrün, ø 6 mm
* Fädelgarn

FÄDELHEFT
Seite 1

Armband in Lila

1 Zuerst wird das Innere des Armbandes gearbeitet, die Umrandung wird erst zum Schluss ergänzt.

2 Orientieren Sie sich an der Skizze und der Grundanleitung auf der Umschlagklappe und fädeln Sie die Perlen mit einer oder mit zwei Nadeln auf. Auf der Farbskizze ist nur ein Teil des Armbandes gezeigt, Sie können sich beim weiteren Fädeln an der Abbildung orientieren oder Sie arbeiten nach Ihren eigenen Vorstellungen weiter.

3 Wenn eine Länge von 18 cm erreicht ist, vernähen Sie den Faden gut in der Arbeit.

4 Nun wird die Umrandung gefädelt. Dazu einen neuen Arbeitsfaden an der rechten Perle der ersten Reihe einziehen und die Stäbchenperlen gemäß Skizze einarbeiten. Ist die letzte Perle der ersten Reihe erreicht, bunt gemischt ca. 14 Perlen aufziehen, dann durch die Stäbchenperlen am Rand fädeln. Dabei darauf achten, dass die Länge des aufgefädelten Stranges der Länge der Perlen am Armband entspricht. Auf diese Art wird die eine Seite des Armbandes verziert, dann bringen Sie unten wieder die Stäbchenperlen an und arbeiten die zweite Seite. Anschließend vernähen Sie den Faden.

5 Nun wird noch der Verschluss gearbeitet. Für die Schlaufen ziehen Sie einen neuen Arbeitsfaden in die zweite Stäbchenperle der äußersten Reihe und fädeln 15 Rocailles auf. Probieren Sie, ob die Verschlussperle durch die Schlaufe passt. Dann ziehen Sie den Faden in das Stäbchen und durchfädeln die Schlaufe zur Stabilisierung noch einige Male. Führen Sie den Faden in die achte Stäbchenperle und arbeiten Sie die zweite Schlaufe. Dann wird der Faden vernäht.

6 Auf der anderen Seite bringen Sie die Verschlussperlen an. Dazu einen neuen Arbeitsfaden zwischen der zweiten und dritten Stäbchenperle austreten lassen, eine Rocaille in Lila, ein Stäbchen, eine Rocaille in Flieder, eine Würfelperle, die Verschlussperle und eine Rocaille in Flieder auffädeln. Überspringen Sie die zuletzt aufgenommene Perle und fädeln Sie durch alle Perlen zurück. Alles noch mehrmals durchfädeln, dann auf die gleiche Art zwischen der siebten und achten Stäbchenperle die zweite Verschlussperle anbringen. Dann wird der Faden sorgfältig vernäht.

Hinweis: Das grüne Armband wird auf die gleiche Art gearbeitet, es ist allerdings eine Reihe schmaler.

Mein Tipp für Sie

Aus der Restekiste Für diese Art von Armband können Sie auch sehr gut Restperlen verwenden, da nur recht wenig Perlen benötigt werden.

Ganz zart wirkt die Kombination der beiden Gelbtöne. Den Mittelpunkt des Ringes und des Armbandes bilden auffällige Swarovski®-Perlen.

Ensemble in Sonnengelb

sorgt im Handumdrehen für gute Laune

SCHMUCKGRÖSSE
Armband
ca. 20 cm lang
Ring ø ca. 1,5 cm

MATERIAL

RING

* 1 g Rocailles in Transparent mit Farbeinzug in Gelb, ø 2 mm
* 1 g Rocailles in Gelb mit Silbereinzug, ø 3 mm
* Swarovski®-Perle in Gelb, Doppelkegel, ø 6 mm
* Nylonfaden in Transparent, ø 0,15 mm

ARMBAND

* 1 g Rocailles in Transparent mit Farbeinzug in Gelb, ø 2 mm
* 1 g Rocailles in Gelb mit Silbereinzug, ø 3 mm
* 4 Swarovski®-Perlen in Gelb, Doppelkegel, ø 6 mm
* Karabiner in Kupferfarben
* 2 Ringel in Kupferfarben, ø ca. 6 mm
* Nylonfaden in Transparent, ø 0,15 mm

FÄDELHEFT
Seite 1

Beide Schmuckstücke sollten mit Nylonfaden gearbeitet werden, da die scharfen Kanten der Swarovski®-Perlen Fädelgarn durchscheuern können.

Armband

1 Fädeln Sie gemäß der Anleitung auf der hinteren Umschlagklappe und der Fädelskizze auf zwei Nadeln die ersten vier Rocailles auf. Kreuzen Sie die Fäden durch die zuletzt aufgenommene Perle und fädeln Sie den ersten Rapport insgesamt dreimal auf.

2 Dann werden die weiteren Rapporte ebenfalls je dreimal aufgefädelt. Anschließend fädeln Sie auf jedes Fadenende drei Rocailles und eine Swarovski®-Perle auf und kreuzen beide Fäden durch eine weitere Rocaille, ø 2 mm.

3 Nehmen Sie wieder auf jeden Faden eine Swarovski®-Perle auf und fädeln Sie die zweite Hälfte des Armbandes auf die gleiche Art.

4 Nun schieben Sie durch die letzte Perle je einen Ringel. In einen Ringel hängen Sie den Karabiner.

Ring

1 Fädeln Sie die Ringschiene in der gewünschten Länge gemäß der Fädelskizze. Dann kann die Swarovski®-Perle in der Mitte eingearbeitet werden.

2 Ist die gewünschte Länge erreicht, schließen Sie den Ring, indem Sie durch die zuerst aufgenommenen Rocaille kreuzen.

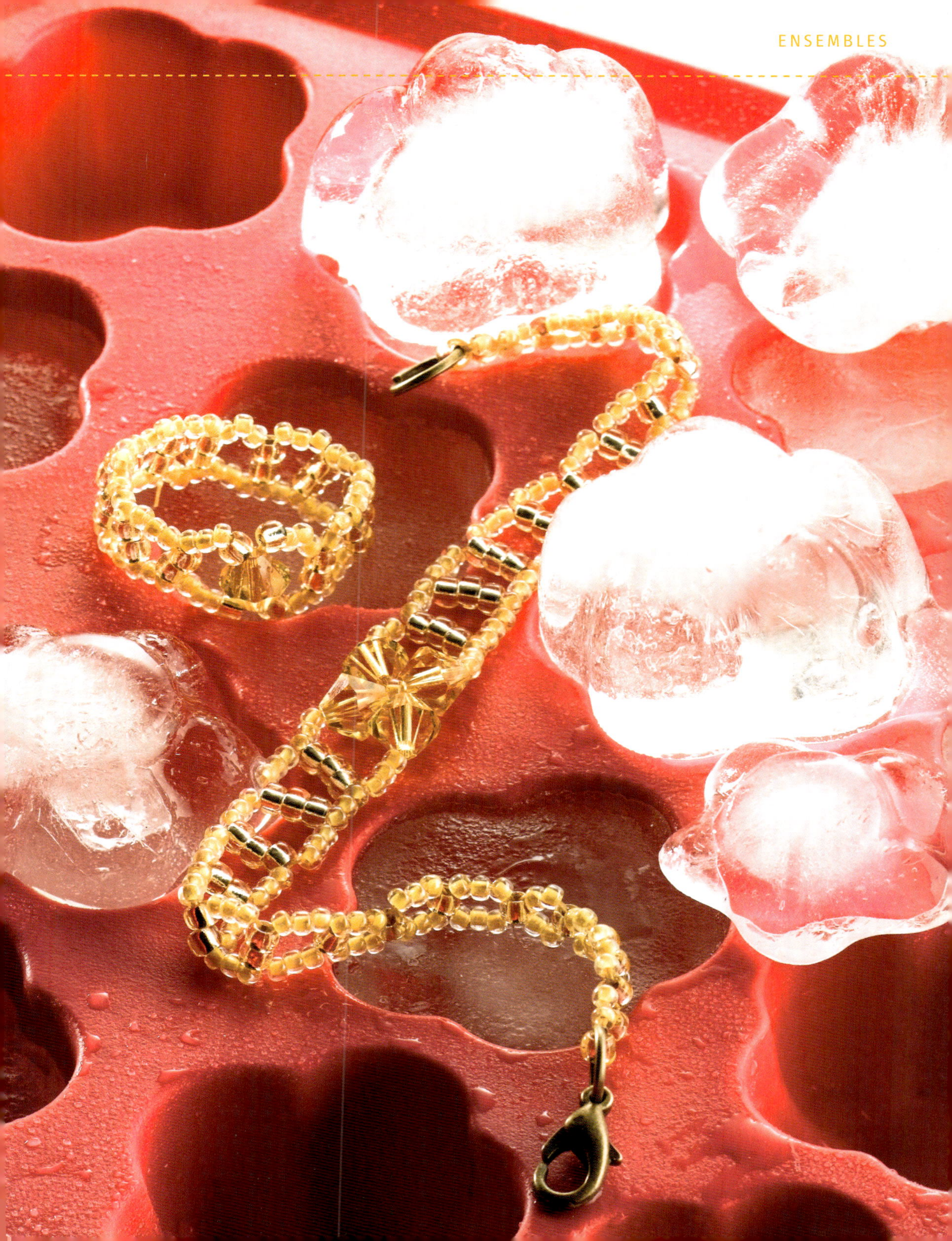

So sieht der Unterbau aus Swarovski®-Perlen aus, bevor die Delicas darüber aufgefädelt werden.

Romantische Ringe

in zarten Pastellfarben

DURCHMESSER
ca. 1,5 cm

MATERIAL RING IN LILA
* 7 Swarovski®-Perlen in Flieder, Doppelkegel, ø 6 mm
* 1 g Delicas in Lila, gefrostet, ø 1,6 mm
* Nylonfaden in Transparent, ø 0,15 mm

RING IN FLIEDER
* 7 Swarovski®-Perlen in Lila, Doppelkegel, ø 6 mm
* 1 g Delicas in Flieder, gefrostet, ø 1,6 mm
* Nylonfaden in Transparent, ø 0,15 mm

RING IN ROSA
* 7 Swarovski®-Perlen in Rosa, Doppelkegel, ø 6 mm
* 1 g Delicas in Rosa, gefrostet, ø 1,6 mm
* Nylonfaden in Transparent, ø 0,15 mm

FÄDELHEFT
Seite 1

1 Verwenden Sie aus Stabilitätsgründen für diesen Ring am besten Nylonfaden. Zuerst wird das Mittelstück für den Ring gefädelt. Hierfür abwechselnd eine Swarovski®-Perle und eine Delica aufnehmen, sodass je vier Doppelkegel und vier Delicas aufgefädelt sind (Startpunkt ist in Skizze mit • markiert). Schließen Sie alles zum Kreis, indem Sie den Faden nochmals durch die ersten vier Perlen fädeln. Skizze 1

2 Dann nochmals abwechselnd eine Delica und eine Swarovski®-Perle aufnehmen (insgesamt vier Delicas und drei Doppelkegel), durch die Perle der Vorrunde fädeln und nochmals durch alle eben aufgenommenen Perlen fädeln. Skizze 1

3 Nun werden gemäß Skizze 2 und 3 auf dieser Basis weitere Delicas aufgefädelt. Dazu den Faden durch die schon vorhandene Delica fädeln, acht Delicas aufnehmen, durch die mittlere Swarovski®-Perle führen und weitere acht Delicas aufnehmen. Durch die untere Swarovski®-Perle führen. Skizze 2

4 Dann auf die gleiche Art in die Gegenrichtung arbeiten. Skizze 3

5 Zur Stabilisierung sollten Sie durch alle eben aufgenommenen Perlen nochmals fädeln.

6 Jetzt kann die Ringschiene gemäß Skizze 4 mit einem neuen Arbeitsfaden gearbeitet werden. Ist die gewünschte Länge erreicht, zum Schließen durch die mit * markierte Perle auf der gegenüberliegenden Seite fädeln. Auch hier zum Schluss auf jeder Seite drei Delicas auffädeln, dann den Faden vernähen.

Funkelndes in Schwarz-Weiß

für den eleganten Auftritt

LÄNGE
Brosche ca. 3,5 cm
Collier ca. 44 cm

MATERIAL

BROSCHE
* 40 Swarovski®-Perlen in Crystal CAL, Doppelkegel, ø 4 mm
* Halboval in Kristall, 25 mm x 18 mm
* ca. 2 g Delicas in Hämatit, ø 2 mm
* Broschennadel in Platin, 2 cm lang
* Fädelgarn

COLLIER
* 42 Glasschliffperlen in Schwarz, ø 4 mm
* 42 Glastropfen in Schwarz, 1,1 cm lang
* ca. 12 g Rocailles in Kristall, Silbereinzug, ø 2,2 mm
* Verlängerungskettchen in Silber, 6,5 cm lang
* Karabiner in Silber, 12 mm lang
* Zwischenring in Silber, ø 4 mm
* Fädelgarn

FÄDELHEFT
Seite 2

Brosche

1 Arbeiten Sie mit einem 3 m langen Arbeitsfaden, den Sie in eine Perlenfädelnadel fädeln und doppelt nehmen. Ca. 15 cm Fadenende stehen lassen, sechs Delicas aufnehmen und durch die erste kreuzen. So insgesamt 19 Rapporte arbeiten. Der Strang sollte locker um den äußeren Rand des Steines passen. Skizze 1

2 Verbinden Sie Anfang und Ende des Stranges miteinander und schließen Sie so die Arbeit zum Kreis. Skizze 2

3 Nun wird seitlich eine weitere, enger werdende Runde ergänzt und ebenfalls zum Kreis geschlossen. Skizze 3

4 Anschließend die Lücken zwischen den innen liegenden Delicas mit einzelnen Delicas füllen. Skizze 4

5 Führen Sie den Faden durch die Perlen zur gegenüberliegenden Seite. Dort in gleicher Weise eine weitere, jedoch etwas breitere Runde anfügen. Vor dem Schließen der Runde das Halboval mit der rechten Seite zur bereits geschlossenen Runde hin einsetzen. Skizze 5

6 Im Anschluss auch hier die Lücken zwischen den innen liegenden Delicas mit einzelnen Delicas füllen (vgl. Skizze 4).

7 Nun wird mit einem neuen, ca. 2,50 m langen, doppelt genommenen Arbeitsfaden weitergearbeitet. Ca. 15 cm Fadenende stehenlassen und über dem mittleren Perlenstrang zwei versetzte Runden aus Swarovski®-Perlen ergänzen. Skizze 6 und 7

8 Zum Schluss fädeln Sie zur Rückseite und nähen dort die Anstecknadel an. Dann werden noch die Fadenenden gut vernäht.

Collier

1 4 m Fädelgarn in eine Perlenfädelnadel fädeln und doppelt nehmen. Nehmen Sie acht Rocailles auf, lassen Sie ca. 15 cm Fadenende stehen und fädeln Sie weiter, bis die gewünschte Länge erreicht ist oder die Glasschliffperlen aufgebraucht sind. Skizze 1

2 Entlang der unteren Kante füllen Sie die Lücken mit Rocailles und Glastropfen. Skizze 2

3 Entlang der oberen Kante nur in die Lücken oberhalb der Glasschliffperlen Rocailles fädeln, damit das Collier seine runde Form erhält. Skizze 3

4 Vernähen Sie die Fadenenden, dann den Karabiner mit dem Zwischenring an dem einen Collierende und das Verlängerungskettchen an dem anderen Ende befestigen.

So sieht die Rückseite der Fassungen aus.

Traumhafte Ringe

mit gefassten Steinen

DURCHMESSER
ca. 1,5 cm

MATERIAL

ROSA RING

* 2 g Rocailles in Flieder, opak, ø 3 mm
* 2 g Rocailles in Rosa, opak, ø 2 mm
* 2 g Rocailles in Rosa, opak, ø 1,5 mm
* Swarovski®-Rivoli in Rosa, ø 14 mm
* Fädelgarn

LILA RING

* 2 g Rocailles in Transparent mit Farbeinzug in Lila, ø 3 mm
* 2 g Rocailles in Transparent mit Farbeinzug in Lila, ø 2 mm
* 2 g Rocailles in Lila, glänzend, ø 1,5 mm
* Swarovski®-Rivoli in Rosa, ø 14 mm
* Fädelgarn

ROTER RING

* 2 g Rocailles in Transparent mit Farbeinzug in Rot, ø 3 mm
* 2 g Rocailles in Transparent mit Farbeinzug in Rot, ø 2 mm
* 2 g Rocailles in Rosa, glänzend, ø 1,5 mm
* Swarovski®-Rivoli in Rosa, ø 14 mm
* Fädelgarn

FÄDELHEFT
Seite 3

1 Beginnen Sie mit dem Fädeln der Fassung für den Rivoli. Hierfür zuerst den äußeren Rand mit Rocailles, ø 2 und 3 mm, fädeln. Bevor Anfang und Ende geschlossen werden, wird der Rivoli eingesetzt, dann können Sie den Arbeitsfaden gut anziehen, sodass der Stein fixiert ist. Skizze 1

2 Dann werden in der zweiten Runde auf der Vorderseite 16 Rocailles, ø 2 mm, eingearbeitet. Skizze 2

3 In der dritten Runde arbeiten Sie auf der Vorderseite 16 kleine Rocailles, ø 1,5 mm, ein. In der vierten Runde nochmals 16 kleine Rocailles einarbeiten. So bekommt der Stein guten Halt. Skizze 3 und 4

4 Nun ist die Rückseite an der Reihe. Auf die gleiche Art arbeiten Sie hier zwei Runden mit je 16 Rocailles, ø 1,5 mm, ein. Dann vernähen Sie den Arbeitsfaden sorgfältig. Skizze 5 und 6

5 Mit einem neuen Arbeitsfaden setzen Sie an der ersten Runde der Fassung den Ringsteg an. Wenn die gewünschte Länge erreicht ist, schließen Sie den Steg zum Ring, indem Sie durch die Perlen an der Fassung auf der gegenüberliegenden Seite fädeln. Skizze 7

Geometrische Anhänger

viereckig und oval

ANHÄNGERGRÖSSE
ca. 5 cm

MATERIAL

VIERECKIGER ANHÄNGER

* 48 ovale Glasschliffperlen in Rosa, metallic, ø 3 mm
* 2 g Rocailles in Rot, transparent, glänzend, ø 2 mm
* Seidenkordel in Rosa, ca. 60 cm lang
* Fädelgarn

OVALER ANHÄNGER

* 48 ovale Glasschliffperlen in Weinrot, metallic, ø 3 mm
* 2 g Rocailles in Weinrot, transparent, glänzend, ø 2 mm
* Seidenkordel in Rosa, ca. 60 cm lang
* Fädelgarn

FÄDELHEFT
Seite 4

Viereckiger Anhänger

1 Fädeln Sie zunächst mit einem Arbeitsfaden den Unterbau des Vierecks aus Glasschliffperlen und Rocailles (dazu auch an der vorderen Umschlagklappe orientieren). Durch die mit * markierte Perle muss der Faden dann gefädelt werden, um das Viereck zu schließen. Vernähen Sie ihn sorgfältig in der Arbeit. Von der mit • markierten Perle ausgehend wird dann im folgenden Arbeitsschritt weitergefädelt. Skizze 1

2 Nun werden zuerst auf die Vorder- dann auf die Rückseite immer schräg und zwischen zwei Glasschliffperlen jeweils vier Rocailles auf den Unterbau gefädelt. Dazu einen neuen Arbeitsfaden einziehen und bei der mit • markierten Perle mit Fädeln beginnen. Vier Rocailles aufnehmen und durch die gegenüberliegende Glasschliffperle fädeln. Wieder vier Rocailles aufnehmen und so sowohl die Vorder- als auch die Rückseite mit Rocailles verzieren. Skizze 2

3 Dann werden die Rocailles auch in die andere Richtung angebracht. Dazu wieder einen neuen Arbeitsfaden einziehen und bei der mit • markierten Perle mit fädeln beginnen. Genauso wie in Schritt 2 beschrieben arbeiten, allerdings in die Gegenrichtung. Skizze 3

4 Zum Schluss fädeln Sie die Anhängerschlaufe. Hierfür an einer Ecke den Faden durch eine Rocaille ziehen und acht Rocailles aufnehmen. Durch die erste Rocaille und nochmals durch alle zuvor aufgenommen fädeln, so wird die Schlaufe stabil. Dann können Sie den Arbeitsfaden in der Arbeit gut vernähen. Skizze 3

5 Schön sieht es aus, wenn Sie den Anhänger auf ein schlichtes, farblich passendes Band ziehen, das mit einem Knoten verschlossen wird.

Ovaler Anhänger

Der ovale Anhänger wird auf fast die gleiche Weise gefädelt. Hierfür fädeln Sie jedoch den Unterbau aus den Glasschliffperlen in einer Reihe, ohne Ecken. Die Rocailles und die Aufhängeschlaufe werden wie oben beschrieben angebracht.

Mein Tipp für Sie

Wahlweise mit einer oder zwei Nadeln arbeiten Hier ist das Arbeiten der Anhänger mit einem, mittig eingezogenen Faden, gezeigt. Sie können sie aber auch mit zwei Fäden arbeiten, wie auf der Umschlagklappe beschrieben.

Frische Farben, schnell gefädelt

auch hübsch für kleine Mädchen

KETTENLÄNGE
ca. 50 cm

MATERIAL

KETTE IN ROT, ORANGE, GELB

* 1 g Rocailles in Rot, opak, glänzend, ø 2 mm
* 1 g Rocailles in Gelb, opak, glänzend, ø 2 mm
* 1 g Rocailles in Orange, opak, glänzend, ø 2 mm
* Fädelgarn

KETTE IN GRÜNTÖNEN

* 1 g Rocailles in Dunkelgrün, metallic, ø 2 mm
* 1 g Rocailles in Hellgrün, metallic, ø 2 mm
* 1 g Rocailles in Grün, opak, ø 2 mm
* Fädelgarn

ZUSÄTZLICH PRO KETTE

* Karabiner in Silberfarben, ø ca. 10 mm
* 2 Ringel in Silberfarben, ca. ø 6 mm
* 2 Quetschkalotten in Silberfarben, ø 4 mm
* evtl. etwas Schmuckkleber

FÄDELHEFT
Seite 4

1 Die Ketten lassen sich gut mit zwei Nadeln arbeiten. Fädeln Sie auf jedes Ende eine Nadel und ziehen Sie den Faden mittig.

2 Nun können Sie gemäß Skizze sechs Rocailles aufnehmen und durch zwei weitere kreuzen. Anschließend nehmen Sie auf jede Nadel zwei Rocailles auf und kreuzen wieder durch zwei weitere Rocailles. Dies wiederholen Sie pro Farbe insgesamt drei Mal und arbeiten dann auf die gleiche Art mit einer anderen Farbe weiter. Den Rapport wieder insgesamt drei Mal fädeln, dann ist die nächste Farbe an der Reihe.

3 Ist die gewünschte Länge erreicht, können Sie den Verschluss anbringen. Hierfür eine Quetschkalotte über den beiden äußeren mittleren Rocailles am letzten Bogen vorsichtig zusammendrücken. Achten Sie dabei darauf, dass Sie die Kalotte nicht plattdrücken, sondern nur schließen. Zur Sicherheit können Sie außerdem etwas Schmuckkleber vor dem Zusammendrücken in die Kalotte geben.

4 Nun öffnen Sie einen Ringel und hängen ihn in die Kalotte ein. Dazu diesen mithilfe von zwei Zangen nach vorne und hinten aufbiegen und keinesfalls seitlich auseinanderziehen. Einen weiteren Ringel öffnen und mit diesem den Karabiner einhängen.

Mein Tipp für Sie

Kunterbunte Ketten Diese Ketten sehen auch toll aus, wenn Sie sie in kunterbunten Farben arbeiten. Wenn Sie möchten, können Sie sie auch ganz lang fädeln, dann brauchen sie keinen Verschluss und können mehrfach um den Hals geschlungen werden.

Filiganes Gittermuster

interessant durch Stäbchenperlen

LÄNGE
Armband ca. 20 cm
Kette ca. 50 cm

MATERIAL

KETTE
* 5 g Stäbchenperlen in Grau, metallic, 4 mm
* 2 g Rocailles in Lila, transparent, irisierend, ø 1,5 mm
* Karabiner in Silberfarben, ø ca. 10 mm
* 2 Ringel in Silberfarben, ø ca. 6 mm
* 2 Quetschkalotten in Silberfarben, ø 4 mm
* Fädelgarn

ARMBAND
* 5 g Stäbchenperlen in Grau, metallic, 4 mm
* 2 g Rocailles in Lila, transparent, irisierend, ø 1,5 mm
* 2 Glasperlen in Grau, ø 8 mm
* Fädelgarn

FÄDELHEFT
Seite 5

Beide Schmuckstücke können Sie sowohl mit einer als auch mit zwei Nadeln fädeln.

Armband

1 Für das Armband abwechselnd vier Stäbchenperlen und vier Rocailles aufnehmen. Nochmals durch alle Perlen bis zur zweiten Perle fädeln. Auf diese Art werden vier Rapporte gefädelt. Dann setzen Sie gemäß Skizze 1 die nächste, benachbarte Reihe an und fädeln diese bis zum Ende. Dies wird insgesamt 29 Mal wiederholt. Vernähen Sie den Faden gut in der Arbeit. Skizze 1

2 Anschließend werden auf einer Seite die Verschlussschlaufen angebracht. Dazu einen neuen Arbeitsfaden einziehen und gemäß Skizze zwischen zwei Rocailles austreten lassen. 35 Rocailles auffädeln, dann durch die Rocailles am Armband fädeln, anschließend die Schlaufe zur Stabilisierung nochmals durchfädeln. Auf die gleiche Art die zweite Schlaufe arbeiten. Skizze 2

3 Auf der anderen Seite bringen Sie die größeren Verschlussperlen an. Dazu einen neuen Arbeitsfaden zwischen zwei Rocailles austreten lassen, sechs Rocailles, die Verschlussperle und vier weitere Rocailles auffädeln, dann durch die Verschlussperle und die Rocailles fädeln. Zur Stabilisierung nochmals durchfädeln. Die zweite Verschlussperle bringen Sie auf die gleiche Art an und vernähen dann den Faden gut in der Arbeit. Skizze 3

Kette

1 Zuerst wird das Mittelteil gearbeitet. Dafür die erste Reihe mit 15 Vierecken fädeln. Dann eine Abnahme (siehe Umschlagklappen) fädeln und in der nächsten Reihe nur 13 Vierecke fädeln. Auf die gleiche Art arbeiten Sie die nächsten Reihen mit elf, neun, sieben, fünf, drei und dann einem Viereck. Skizze 1

2 Anschließend ziehen Sie in der ersten Reihe einen neuen Arbeitsfaden ein und fädeln sowohl links als auch rechts so viele Rocailles auf, bis die passende Länge erreicht ist. Dann bringen Sie den Verschluss an.

Breite Armbänder

Armband in Lila
Seite 3

□ Würfelperle, ø 2 mm

○ Rocaille, ø 3 mm

▭ Stäbchenperle, 4 mm lang

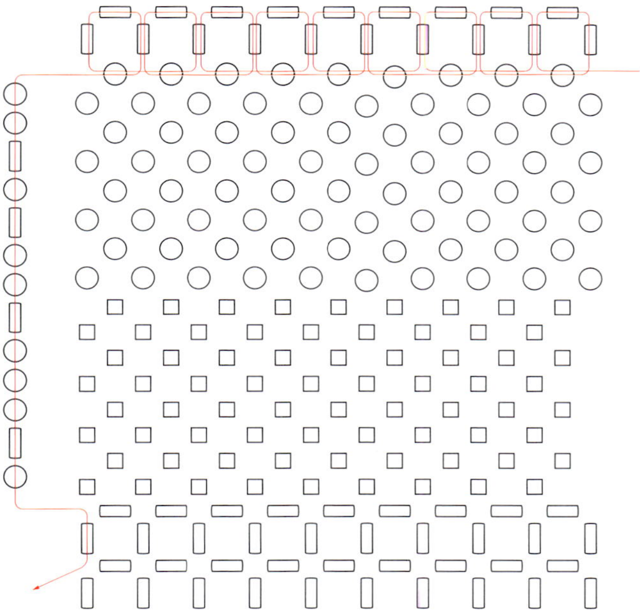

Ensemble in Sonnengelb

Seite 5

○ Rocaille, ø 2 mm

○ Rocaille, ø 3 mm

◇ Swarovski®-Perle, Doppelkegel, 6 mm

Ring

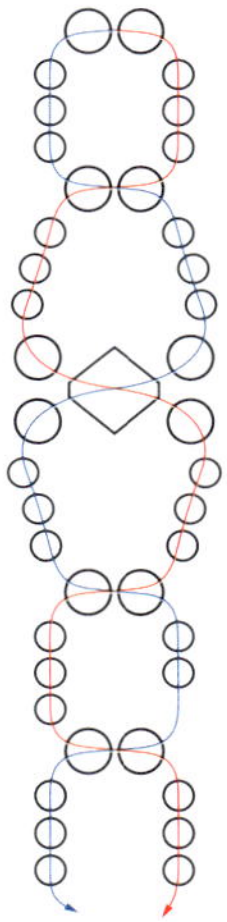

Armband

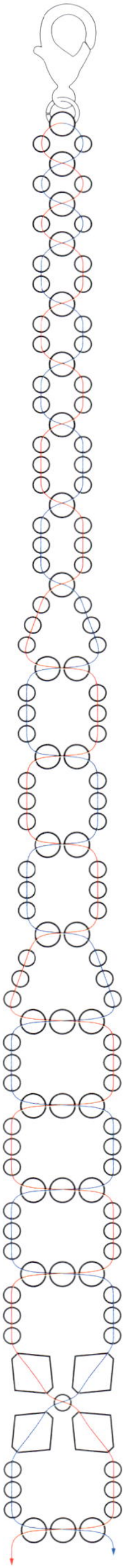

Romantische Ringe

Seite 7

□ Delica, ø 1,6 mm

◇ Swarovski®-Perle, Doppelkegel, 6 mm

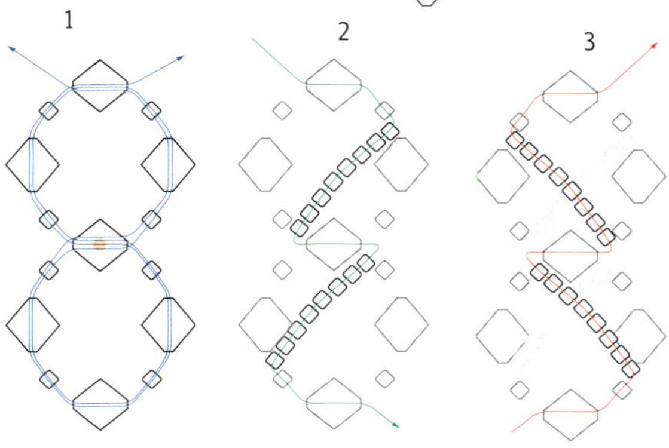

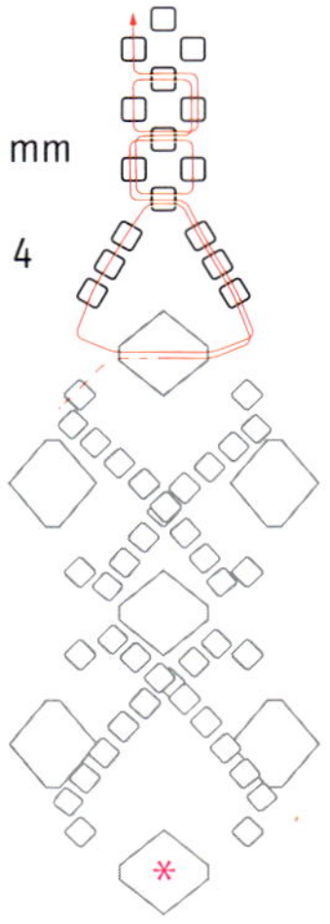

Funkelndes in Schwarz-Weiß

Seite 9

□ Delica, ø 2 mm

◇ Swarovski®-Perle, Doppelkegel, ø 4 mm

Brosche

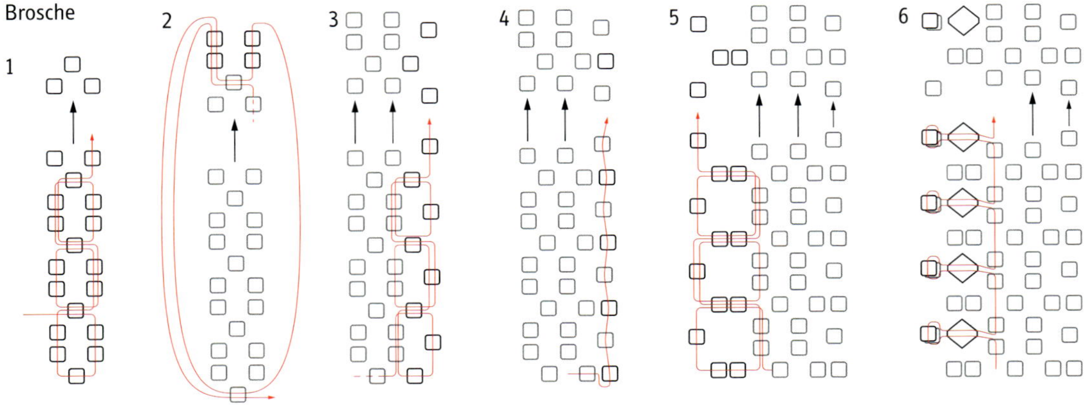

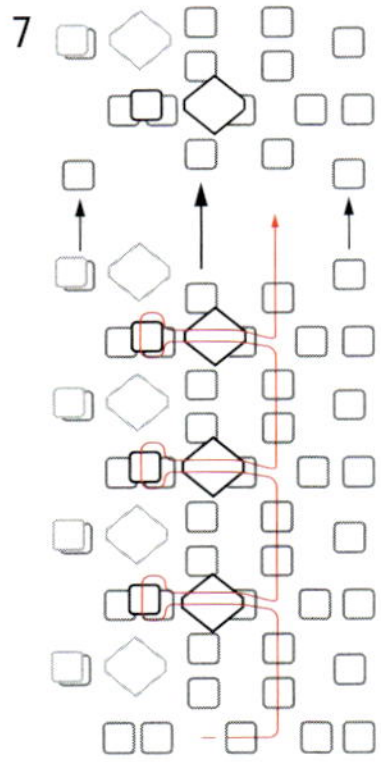

Collier

○ Rocaille, ø 2,2 mm

Glastropfen, 1,1 cm

◯ Glasschliffperle, ø 4 mm

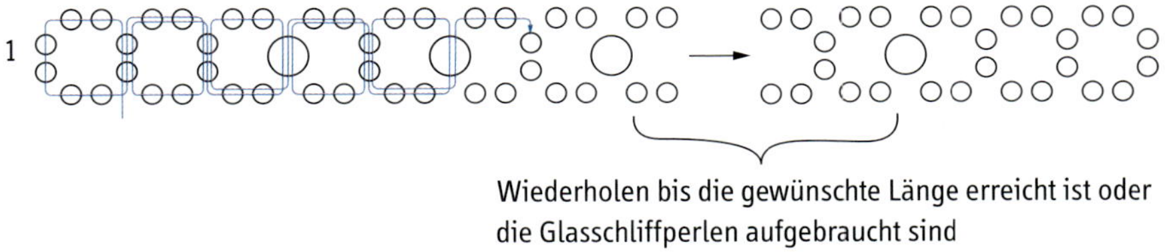

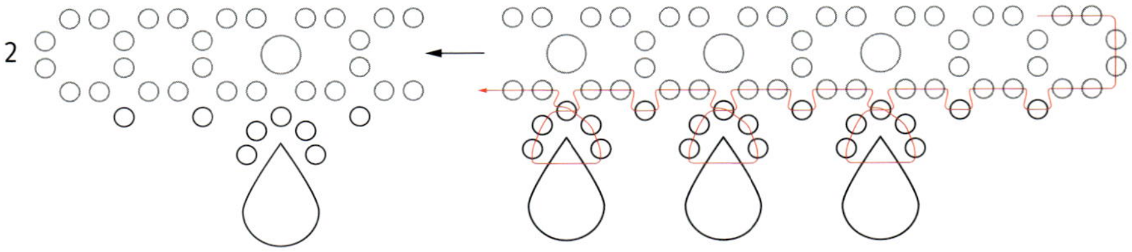

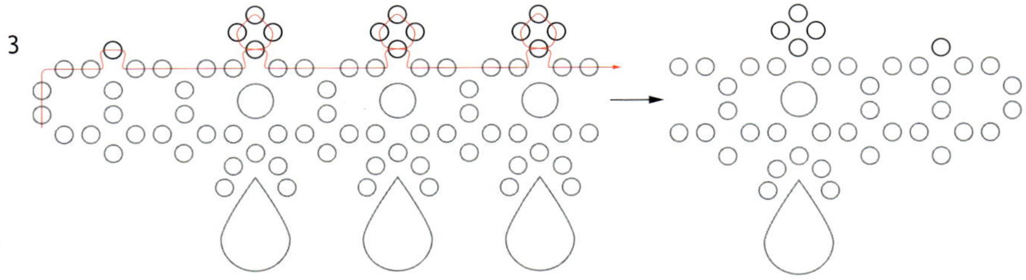

Traumhafte Ringe

○ Rocaille, ø 1,5 mm ○ Rocaille, ø 2 mm ◯ Rocaille, ø 3 mm

Seite 11

1

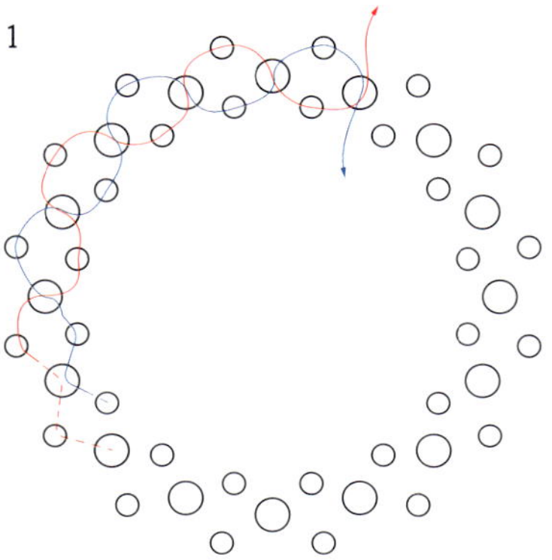

2

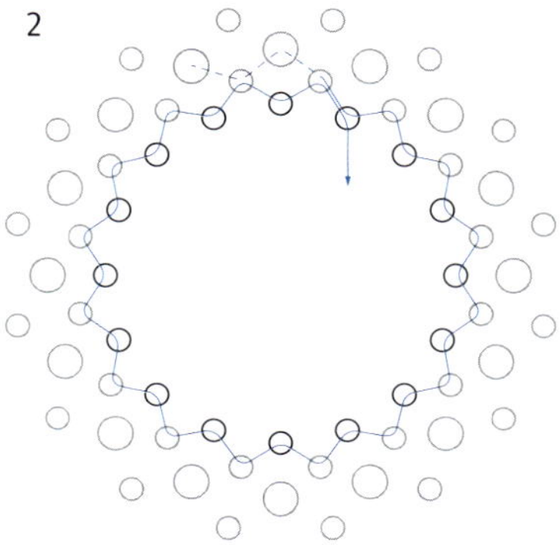

1 Reihe mit Rocailles, ø 2 mm, fädeln.

3

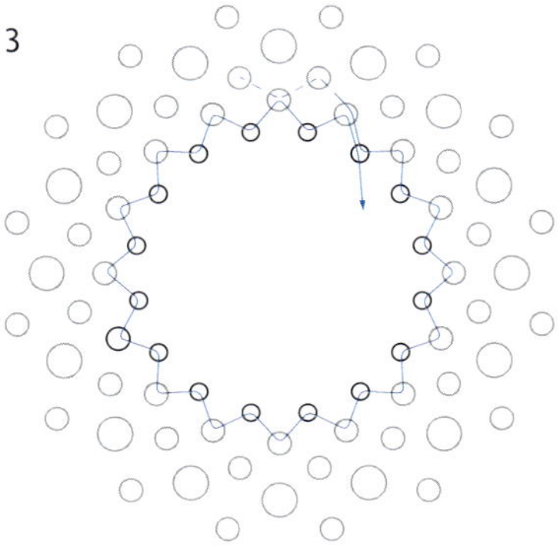

4

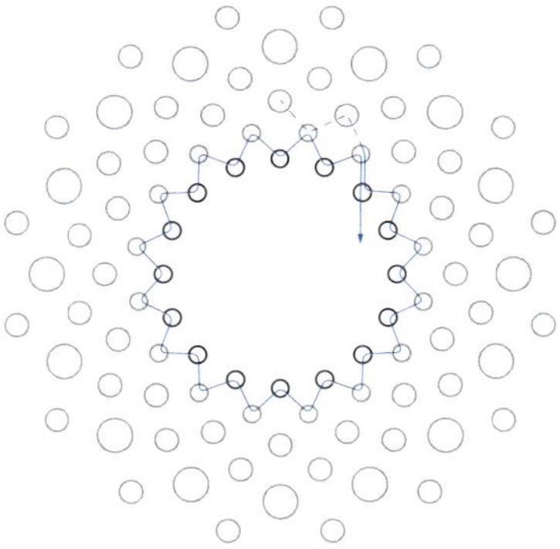

jeweils eine Reihe mit Rocailles, ø 1,5 mm, fädeln.

5

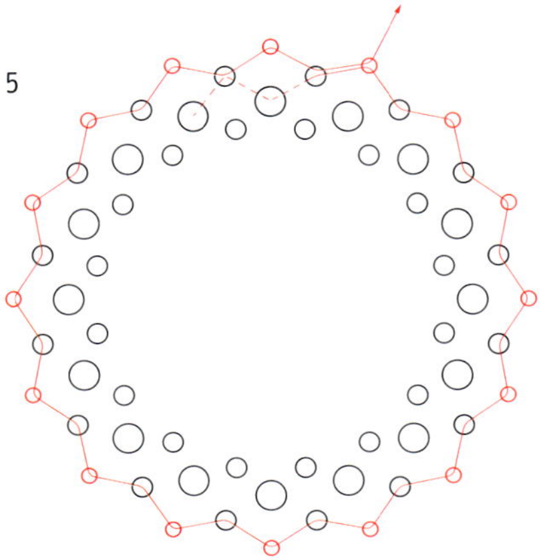

6

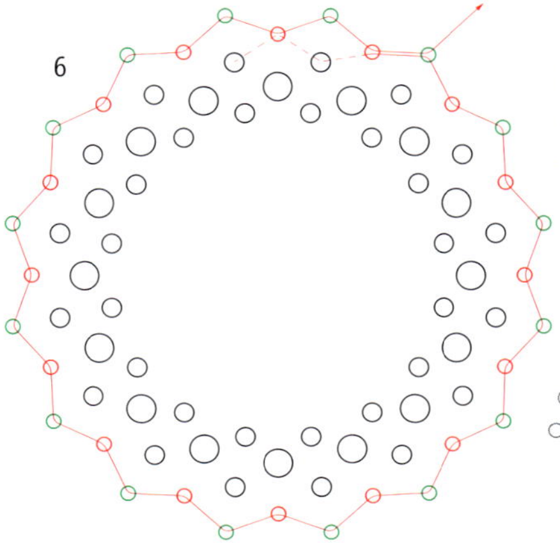

jeweils eine Reihe mit Rocailles, ø 1,5 mm, fädeln.

Ringschiene ansetzen

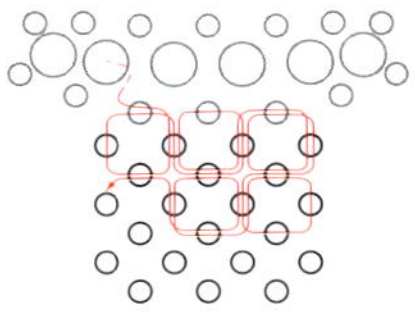

Geometrische Anhänger

Viereckiger Anhänger
Seite 12

○ Rocaille, ø 1,6 mm

◯ runde Swarovski-Perle®, ø 3 mm

1

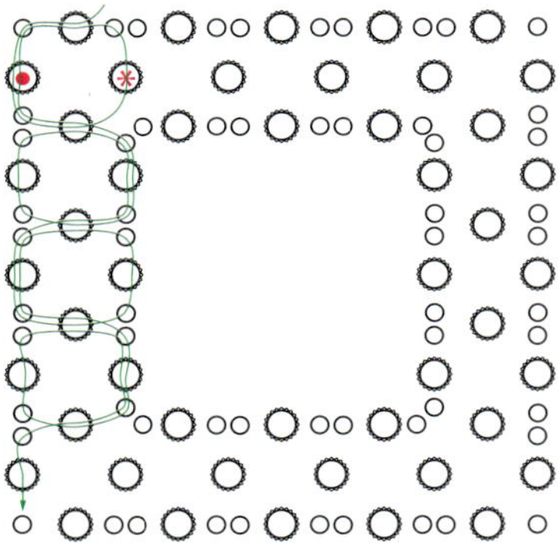

2

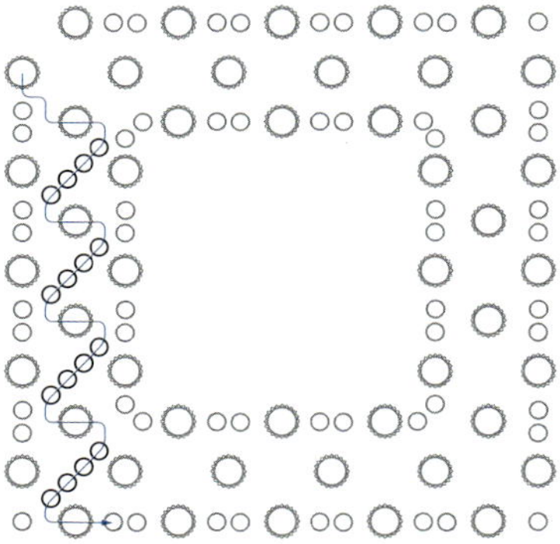

3

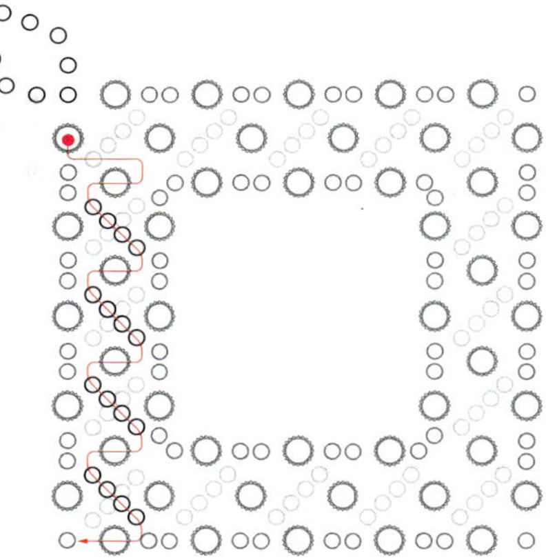

Frische Farben, schnell gefädelt

Seite 15

◯ Rocaille, ø 2 mm

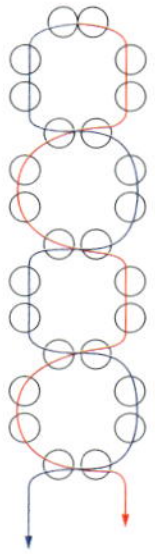

Frühlingsfrisches Grün

Seite 19

□ Delica, ø 1,5 mm

○ Rocaille, ø 1,3 mm

Ring

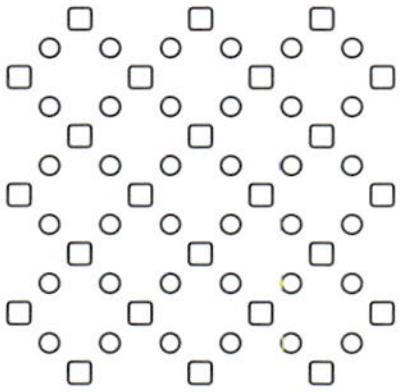

Filigranes Gittermuster

Seite 12

○ Rocaille, ø 1,5 mm

▭ Stäbchen, 4 mm lang

◯ Glasperle, ø 8 mm

Armband

1

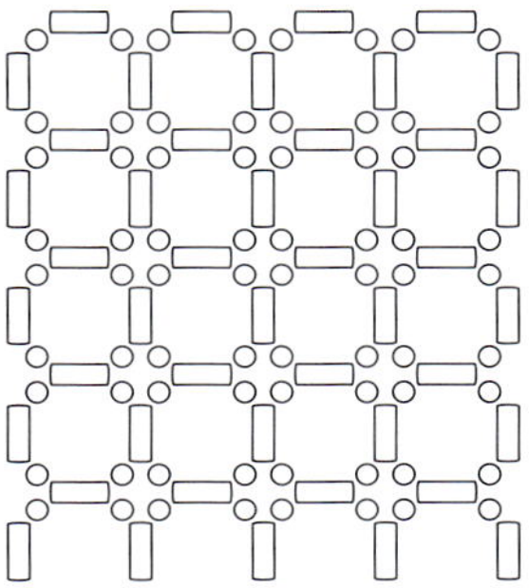

Verschluss Armband

2

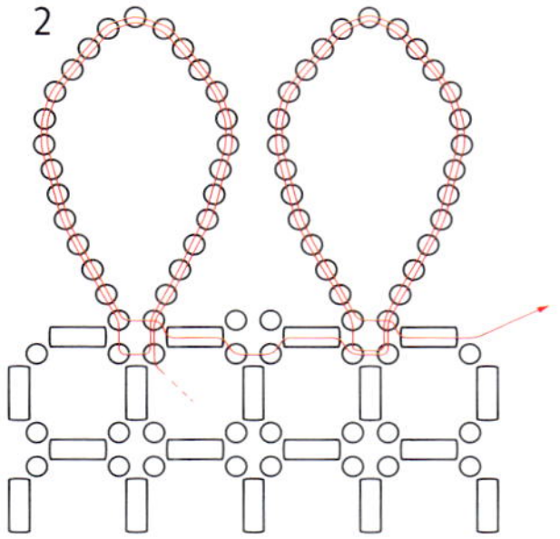

3

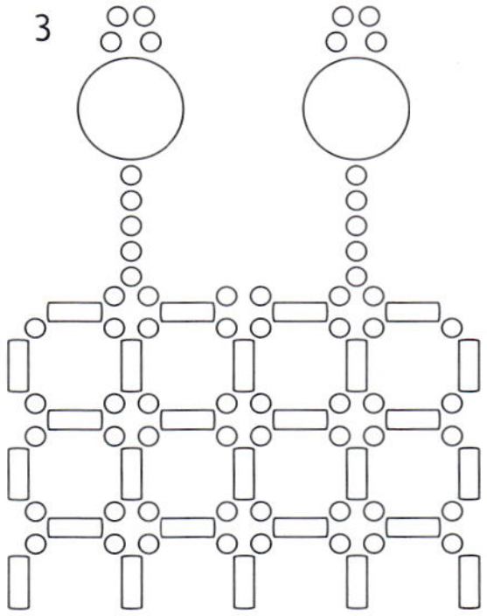

Kette

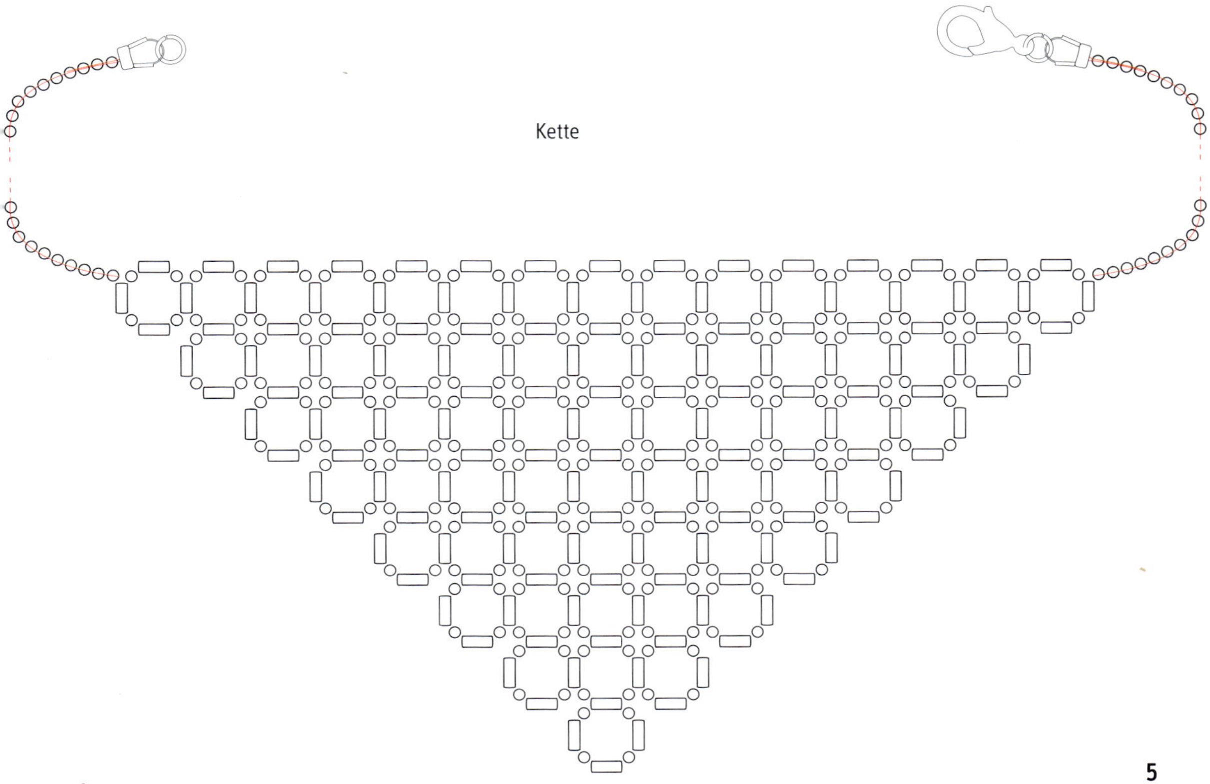

Armbänder mit Glitzerakzenten

Seite 20

- Rocaille, ø 3 mm
- Swarovski-Perle®, Doppelkegel, ø 4 mm
- Swarovski-Perle®, Doppelkegel, ø 6 mm

Transparentes Armband

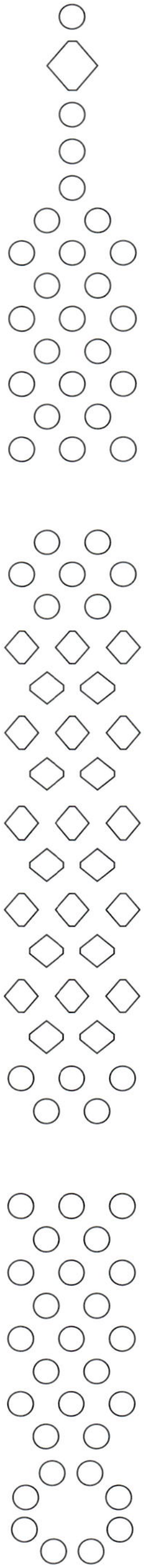

Armbänder in Lila und Schwarz/Weiß

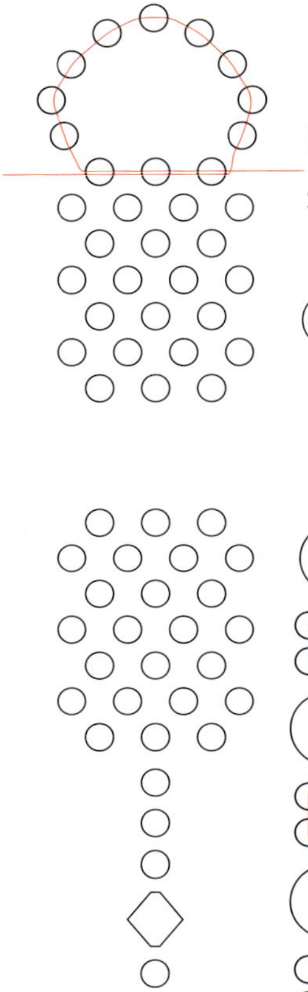

Raffinierte Schlauchkette

Seite 26

- Rocaille, ø 2 mm
- Rocaille, ø 3 mm

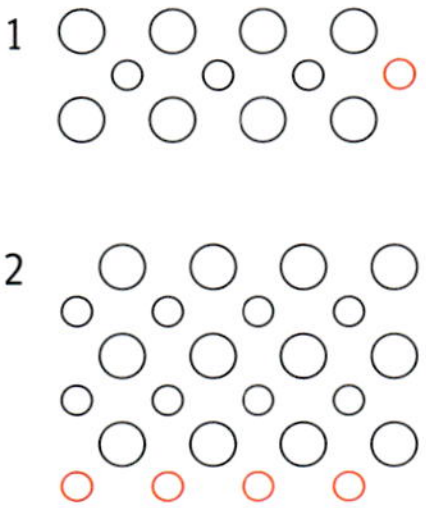

Black Beauty

Seite 25

- Rocaille, ø 3 mm
- Glsasschliffperle, ø 6 mm

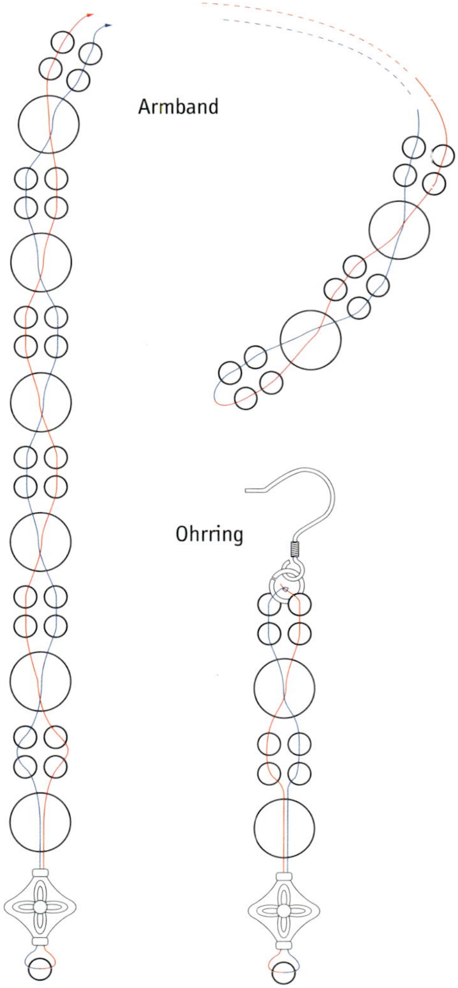

Üppiger Armschmuck

Seite 29

- Rocaille, ø 1,5 mm
- Swarovski-Perle®, Doppelkegel, ø 4 mm
- runde Swarovski-Perle®, ø 4 mm

Armband in Türkis

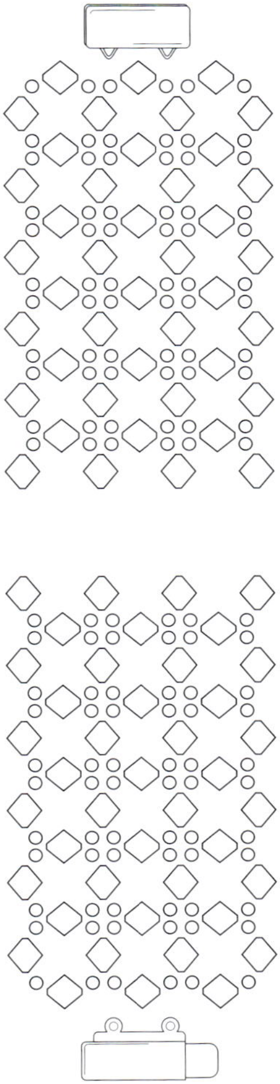

Armband in Gold

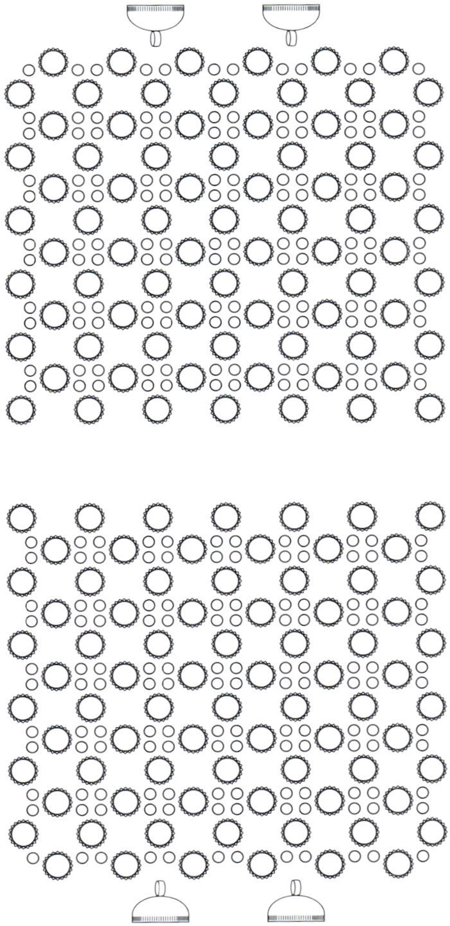

Prächtige Ringe

Seite 23

- Delica, ø 1,6 mm
- Glasschliffperle, ø 4 mm
- Rocailles, ø 1,6 mm
- Swarovski-Perle®, ø 4 mm

1

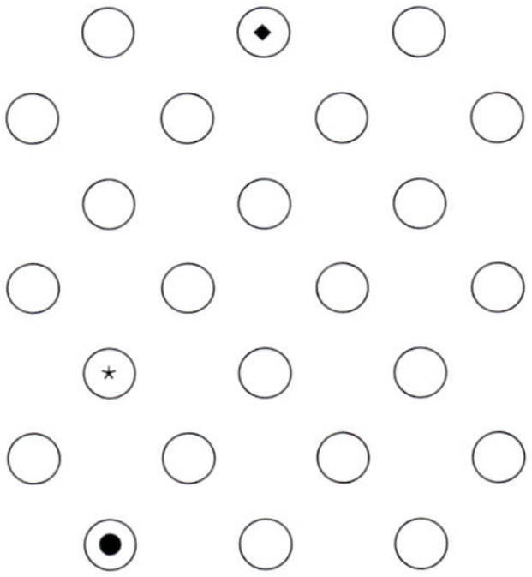

2

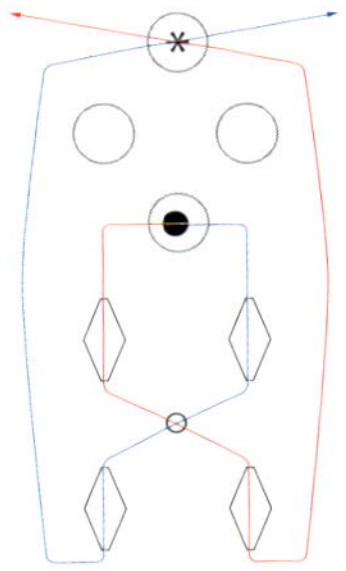

3

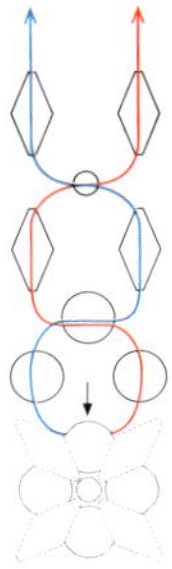

4

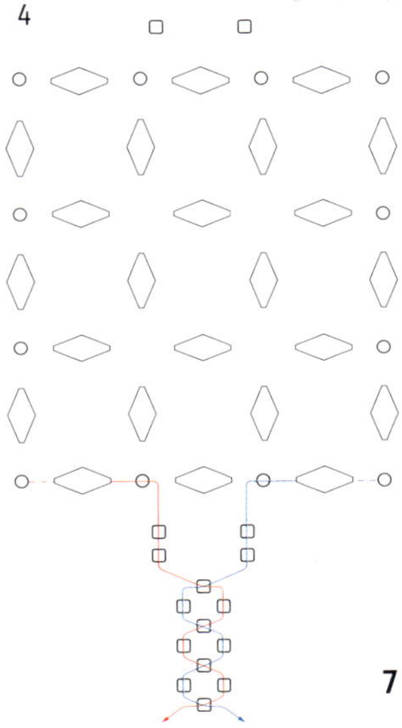

Edle Kreuze

Seite 31

○ Rocaille, ø 2,2 mm

◯ Glasschliffperle, ø 4 mm

1

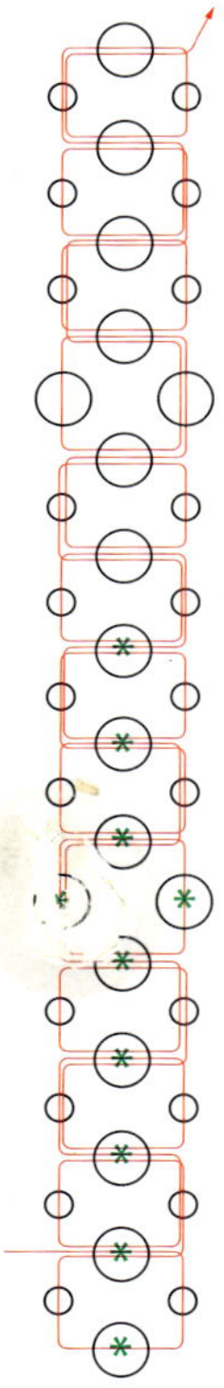

2

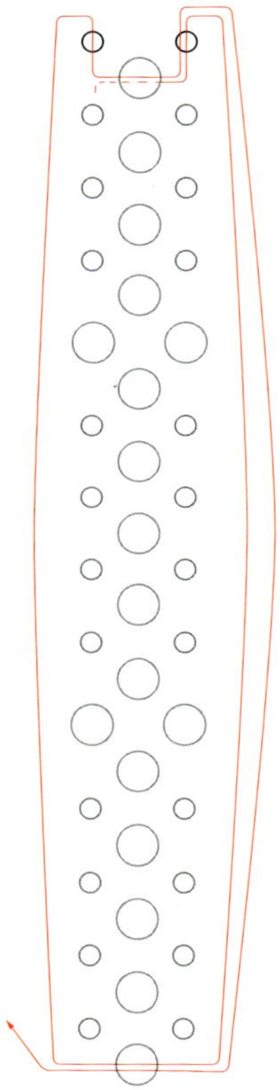

3

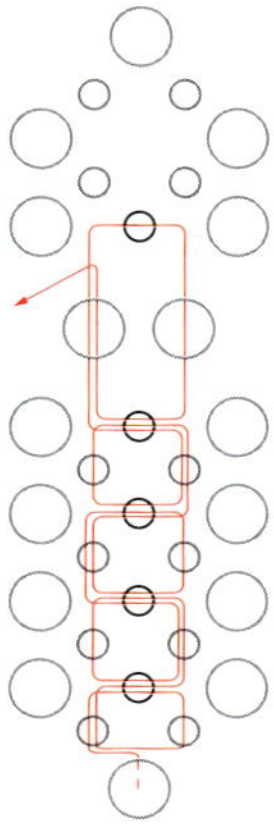

4

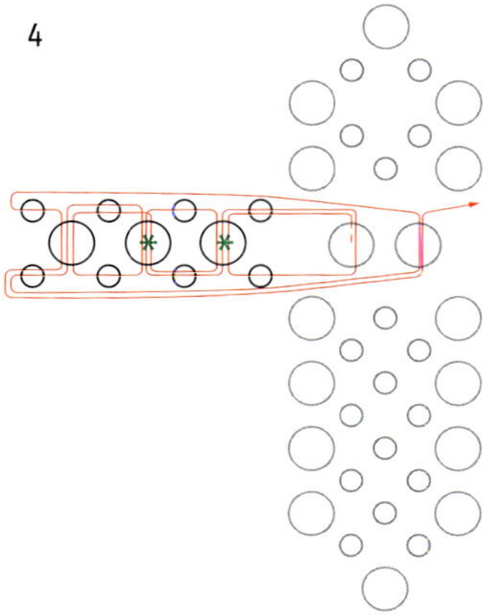

5

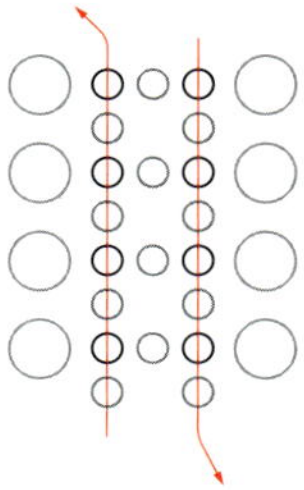

6

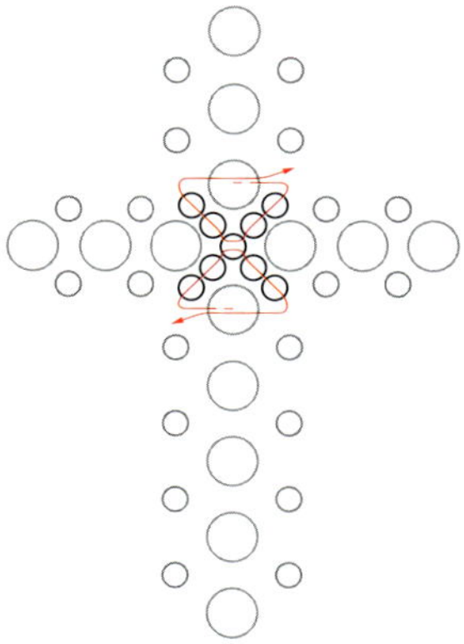

Alle drei Ringe sind gleich gearbeitet und wirken durch die Kombination unterschiedlicher Perlenfarben doch verschieden.

Frühlingsfrisches Grün

schlichte Ringe

DURCHMESSER
ca. 2 cm

MATERIAL

DUNKELGRÜNER RING

* 1 g Delicas in Dunkelgrün, metallic, matt, ø 1,6 mm
* 1 g Rocailles in Hellgrün, Silbereinzug, ø 1,3 mm
* Fädelgarn

KHAKIFARBENER RING

* 1 g Delicas in Khaki, metallic, matt, ø 1,6 mm
* 1 g Rocailles in Hellgrün, Silbereinzug, ø 1,3 mm
* Fädelgarn

HELLGRÜNER RING

* 1 g Delicas in Hellgrün, metallic, matt, ø 1,6 mm
* 1 g Rocailles in Hellgrün, Silbereinzug, ø 1,3 mm
* Fädelgarn

FÄDELHEFT
Seite 4

1 Alle drei Ringe werden im rechtwinkligen Stich mit einer Nadel gearbeitet (siehe vordere Umschlagklappe und Fädelskizze). Für die erste Reihe abwechselnd eine Delica und Rocaille aufnehmen, sodass insgesamt vier Delicas und vier Rocailles aufgefädelt sind. Mit der Nadel nun durch die zuerst aufgenommene Delica fädeln. Dann nehmen Sie eine weitere Rocaille, eine Delica, eine Rocaille und eine Delica auf. Jetzt wieder abwechselnd eine Rocaille und eine Delica aufnehmen, insgesamt drei Delicas und vier Rocailles.

2 Arbeiten Sie so lange weiter, bis die gewünschte Länge erreicht ist. Am besten den Ring während des Fädelns immer wieder anprobieren. Dann wird der Ring geschlossen, indem Anfang und Ende im rechtwinkligen Stich miteinander verbunden werden. Vernähen Sie den Faden zum Schluss gründlich in der Arbeit.

Mein Tipp für Sie

Perlen variieren In dieser Technik können Sie Ringe aus den verschiedensten Perlen herstellen. Sie sollten nur darauf achten, dass sie in etwa die gleiche Größe haben.

Armbänder mit Glitzerakzenten

romantisch oder edel

LÄNGE
ca. 19 cm

MATERIAL

TRANSPARENTES ARMBAND

* 3 g Rocailles in Transparent, Silbereinzug, ø 3 mm
* Swarovski®-Perle in Mondstein, Doppelkegel, ø 6 mm
* Nylonfaden, ø 0,15 mm

ARMBAND IN LILA

* 10 Swarovski®-Perlen in Lila, Doppelkegel, ø 4 mm
* 10 Swarovski®-Perlen in Pink, Doppelkegel, ø 4 mm
* 5 Swarovski®-Perlen in Flieder, Doppelkegel, ø 4 mm
* Swarovski®-Perle in Flieder, Doppelkegel, ø 6 mm
* 1 g Rocailles in Transparent, Farbeinzug Lila, ø 2 mm
* Nylonfaden, ø 0,15 mm

ARMBAND IN WEISS/SCHWARZ

* 10 Swarovski®-Perlen in Grau, Doppelkegel, ø 4 mm
* 10 Swarovski®-Perlen in Schwarz, Doppelkegel, ø 4 mm
* 5 Swarovski®-Perlen in Bergkristall, Doppelkegel, ø 4 mm
* Swarovski®-Perle in Grau, Doppelkegel, ø 6 mm
* 1 g Rocailles in Transparent, irisierend, ø 2 mm
* Nylonfaden, ø 0,15 mm

FÄDELHEFT
Seite 6

Transparentes Armband

1 Wie auf den Umschlagklappen beschrieben und gemäß Skizze mit einer oder zwei Nadeln drei Rapporte fädeln und weiterarbeiten, bis ca. 17 cm gefädelt sind. Dann wird der Arbeitsfaden gut vernäht.

2 Mit einem neuen Arbeitsfaden auf einer Seite die Verschlussschlaufe gemäß Skizze auffädeln. Dazu neun Rocailles aufnehmen, durch die drei Perlen am Band fädeln und nochmals durch die Schlaufe fädeln, damit sie stabil wird. Dann den Faden vernähen.

3 Auf der anderen Seite die Verschlussperle anbringen. Hierfür einen neuen Arbeitsfaden einziehen, drei Rocailles, die Swarovski®-Perle und eine Rocaille aufnehmen. Die zuletzt aufgenommene Rocaille überspringen und durch die restlichen Perlen zurückfädeln. Dies noch ein Mal wiederholen, dann den Faden vernähen.

Armbänder in Lila und Schwarz/Weiß

1 Gemäß der Basisanleitung auf den Umschlagklappen und Skizze die erste Reihe Rocailles auffädeln und dann insgesamt 15 Reihen fädeln. Für die Farbgebung an der Abbildung orientieren.

2 Dann wird auf die gleiche Art mit Swarovski®-Perlen weitergearbeitet. Sind die Swarovski®-Perlen eingearbeitet, fädeln Sie nochmals insgesamt 15 Rapporte mit Rocailles. Anschließend den Arbeitsfaden in der Arbeit gut vernähen.

3 Einen neuen Arbeitsfaden einziehen und auf einer Seite die Verschlussschlaufe arbeiten. Dazu den Faden in die beiden letzten Perlen am Band einziehen, sieben Rocailles aufnehmen und wieder durch die beiden Perlen am Band fädeln. Alles nochmals zur Stabilisierung durchfädeln, dann den Faden vernähen.

4 Auf der anderen Seite wird die Verschlussperle angebracht. Dazu einen neuen Arbeitsfaden in die beiden Perlen am Bandende ziehen, drei Rocailles, die große Swarovski®-Perle und eine Rocaille auffädeln. Die zuletzt aufgenommene Rocaille überspringen und durch die Perlen zurückfädeln. Zur Stabilisierung nochmals wiederholen, dann den Faden vernähen.

So sehen die Rückseiten der Ringe aus. Die Vorderseiten sehen vor dem Anbringen der Swarovski®-Perlen genauso aus.

Prächtige Ringe

wertvoll und üppig

DURCHMESSER
ca. 1,5 cm

MATERIAL

RING IN ROSA

* 36 Swarovski®-Perlen in Rosa, Doppelkegel, ø 4 mm
* 24 Glasschliffperlen in Rosa, ø 4 mm
* 2 g Rocailles in Rosa mit Silbereinzug, ø 2 mm
* 1 g Delicas in Rosa, transparent, gefrostet, ø 1,6 mm
* Nylonfaden, ø 0,15 mm

RING IN BLAU

* 2 g Rocailles in Dunkelblau mit Silbereinzug, ø 2 mm
* 1 g Delicas in Blau, transparent, ø 1,6 mm
* 36 Swarovski®-Perlen, in Blau, Doppelkegel, ø 4 mm
* 24 Glasschliffperlen in Blau, ø 4 mm
* Nylonfaden, ø 0,15 mm

RING IN LILA

* 2 g Rocailles in Transparent mit Silbereinzug, ø 2 mm
* 1 g Delicas in Lila, transparent, ø 1,6 mm
* 36 Swarovski®-Perlen in Lila, Doppelkegel, ø 4 mm
* 24 Glasschliffperlen in Lila, ø 4 mm
* Nylonfaden, ø 0,15 mm

FÄDELHEFT
Seite 7

1 Alle Ringe werden auf die gleiche Art mit zwei Nadeln gearbeitet. Zunächst wird der Unterbau aus Glasschliffperlen gefädelt. Ist dieser fertig, den Faden gut in der Arbeit vernähen. Skizze 1

2 Anschließend werden auf der Oberseite die Swarovski®-Perlen angebracht. Hierfür ziehen Sie einen neuen Arbeitsfaden mittig ein. Gestartet wird an der in Skizze 1 mit • markierten Perle. Nehmen Sie auf jedes Fadenende eine Swarovski®-Perle auf und kreuzen Sie die Fäden durch eine Rocaille. Dann wird wieder auf jeden Faden eine Swarovski®-Perle aufgenommen. Klappen Sie alles nach oben und kreuzen Sie durch die in Skizze 1 und 2 mit * markierte Perle auf dem Unterbau. Skizze 1 und 2

3 So wird auch das nächste Segment gearbeitet. Skizze 3

4 Nachdem das dritte Segment in dieser Reihe gearbeitet ist, fädeln Sie die Fadenenden durch die Perlen im Unterbau bis zur oberen Perle der zweiten Reihe (in Skizze 1 mit ◆ markiert). Nun wird auf die gleiche Art wie oben beschrieben, allerdings von oben nach unten, gearbeitet. Skizze 4

5 Arbeiten Sie so weiter, bis die Oberseite komplett mit Swarovski®-Perlen bestückt ist. Nun werden seitlich am Unterbau zwischen den Glasschliffperlen Rocailles zwischengefädelt. Zum Schluss setzen Sie an einer Seite die Ringschiene aus Delicas bzw. Rocailles an und fädeln diese bis zur gewünschten Länge. Auf der gegenüberliegenden Seite schließen und dann den Arbeitsfaden gut vernähen. Skizze 4

Black Beauty

Armband und Ohrringe

LÄNGE
Armband ca. 50 cm

MATERIAL
* 25 Glasperlen in Schwarz, ø 6 mm
* 2 g Rocailles in Transparent mit Farbeinzug in Schwarz, ø 3 mm
* Fädelgarn

ZUSÄTZLICH FÜR OHRRINGE
* 2 Ohrhaken in Silberfarben, ca. 10 mm lang
* 2 Ringel in Silberfarben, ø 6 mm
* 2 Metallsternchen in Silberfarben, ø 6 mm

ZUSÄTZLICH FÜR ARMBAND
* Karabiner in Silberfarben, ø 6 mm
* 2 Ringel in Silberfarben, ø 6 mm
* Metallsternchen in Silberfarben, ø 6 mm

FÄDELHEFT
Seite 6

Armband

1 Arbeiten Sie mit zwei Nadeln und nehmen Sie vier Rocailles auf. Führen Sie beide Fäden durch eine Glasperle und nehmen Sie dann auf jeden Faden zwei Rocailles auf. Anschließend wieder auf beide Fäden eine Glasperle ziehen. Skizze 1

2 Ist die gewünschte Länge erreicht (hier ca. 21 cm), nehmen Sie statt der vier Rocailles ein Metallsternchen und eine Rocaille auf. Überspringen Sie die Rocaille und fädeln Sie den Faden durch das Sternchen zurück. Dann den Faden in der Arbeit vernähen.

3 Am anderen Ende hängen Sie ca. am dritten Rapport in den Kreis aus Rocailles den Ringel ein. Am anderen Ende wird der Karabiner an einem Ringel angebracht.

Ohrringe

Die Ohrringe werden auf die gleiche Art wie das Armband gefädelt. Sie bestehen aus nur zwei Rapporten. Hängen Sie oben den Ohrhaken an einem Ringel ein.

Mein Tipp für Sie

Geschenkidee Dies ist eine schnelle und einfache kreative Geschenkidee für große und kleine Mädchen. Lassen Sie sich von der im Handel angebotenen Auswahl an Perlen auch zu eigenen Kreationen anregen, denn hier können Sie Ihrer Fantasie freien Lauf lassen.

Raffinierte Schlauchkette

schick mit Ohrringen kombiniert

LÄNGE
ca. 90 cm

MATERIAL
* 20 g Rocailles in Silber, metallic, ø 3 mm
* 5 g Rocailles in Flieder, opak, ø 2 mm
* 4 Glasschliffperlen in Flieder, Regenbogen, ø 6 mm
* 2 Ohrhaken in Silberfarben, ca. 10 mm lang
* Fädelgarn

FÄDELHEFT
Seite 6

Kette

1 Die Perlen gemäß Skizze auffädeln und an der rot eingezeichneten Perle zum Kreis schließen (siehe hintere Umschlagklappe, schlauchförmig). Dann schlauchförmig weiterarbeiten, bis insgesamt ca. 85 cm erreicht sind. Skizze 1

2 Für die Verdickung am Ende wird nun der Umfang um insgesamt vier Rapporte erhöht. Dazu in jeder Reihe einen Rapport mehr arbeiten. Dann den Arbeitsfaden in der Arbeit gut vernähen. Auf der anderen Seite einen neuen Faden einziehen und die Verdickung fädeln.

3 Um die großen Perlen an den Enden einzuarbeiten ziehen Sie einen neuen Arbeitsfaden ein und führen ihn zu einem Kettenende. Nehmen Sie eine Glasschliffperle, eine silberne und eine fliederfarbene Rocaille auf, überspringen Sie die fliederfarbene und fädeln Sie dann durch die silberne und durch die Glasschliffperle zurück. Dies nochmals wiederholen, dann den Arbeitsfaden vernähen. Auf der anderen Seite wird die zweite Glasschliffperle auf die gleiche Art angebracht. Vernähen Sie die Fäden gut in der Arbeit.

4 Zum Schluss wird der verschiebbare Ring aus Rocailles, mit dem die Kette zusammengehalten wird, gearbeitet. Hierfür gemäß Skizze 2 die Perlen auffädeln und insgesamt elf Reihen fädeln. Dann an den rot markierten Perlen zusammennähen und seitlich zwischen die fliederfarbenen Rocailles jeweils eine weitere fliederfarbene Rocaille einfädeln. Den Arbeitsfaden vernähen und den Ring über die beiden Kettenenden ziehen. Skizze 2

Ohrringe

1 Für die Ohrringe zuerst fünf Reihen so arbeiten, wie bei der Kette beschrieben. Dann werden die Verdickungen ebenso wie oben beschrieben gefädelt und die Glasschliffperlen angebracht.

2 Fädeln Sie oben mittig drei silberne Rocailles und den Ohrhaken auf und fädeln Sie durch die Rocailles zurück. Noch mindestens einmal wiederholen, dann den Faden vernähen.

Hochwertige Verschlüsse sorgen dafür, dass das Schmuckstück einen edlen Charakter bekommt. So wird die Wertigkeit der exklusiven Swarovski®-Perlen noch unterstrichen.

Üppiger Armschmuck

prächtig wie aus dem Orient

LÄNGE
ca. 19 cm

MATERIAL

ARMBAND IN GOLD

* 331 runde Swarovski®-Perlen in Sandfarben, ø 4 mm
* 2 g Rocailles in Goldfarben, metallic, ø 1,5 mm
* 2 magnetische Schmuckschließen in Goldfarben, 20 mm lang
* Nylonfaden, ø 0,15 mm

ARMBAND IN TÜRKIS

* 110 Swarovski®-Perlen, Doppelkegel, in Türkis, opak, ø 4 mm
* 57 Swarovski®-Perlen, Doppelkegel, in Türkis, ø 4 mm
* 2 g Rocailles in Goldfarben, metallic, ø 1,5 mm
* Schmuckschließe in Goldfarben, zweireihig, 20 mm lang
* Nylonfaden, ø 0,15 mm

FÄDELHEFT
Seite 7

1 Fädeln Sie die Perlen gemäß der Skizzen und der allgemeinen Anleitung auf der vorderen Umschlagklappe mit einer Nadel und arbeiten Sie insgesamt ca. 17 cm. Dann vernähen Sie den Arbeitsfaden gut in der Arbeit.

2 Mit einem neuen Arbeitsfaden wird ein Teil der Schmuckschließe angenäht. Auf der gegenüberliegenden Seite nähen Sie das passende Gegenstück an. Den Faden danach gut in der Arbeit vernähen.

3 Beim türkisfarbenen Armband sollten Sie auf die Farbgebung achten. Orientieren Sie sich dazu an der Abbildung.

Mein Tipp für Sie

Hochwertige Verschlüsse Verwenden Sie für Schmuckstücke aus hochwertigen Perlen auch immer hochwertige Verschlüsse, damit der edle Charakter beibehalten wird. Billig aussehende Verschlüsse können den Gesamteindruck eines gefädelten Schmuckstückes ganz leicht verderben.

Edle Kreuze

in drei verschiedenen Farben

LÄNGE
ca. 3 cm

MATERIAL

KREUZ IN WEISS

* 14 Swarovski®-Perlen in Kristall AB, Doppelkegel, ø 4 mm
* 10 Glasschliffperlen in Kristall, irisierend, ø 4 mm
* ca. 1,5 g Rocailles in Perlweiß, ø 2,2 mm
* nylonummantelter Schmuckdraht in Silber, ø 0,4 mm, ca. 50 cm lang

KREUZ IN AMETHYST

* 24 Glasschliffperlen in Amethyst, ø 4 mm
* ca. 1,5 g Rocailles in Hell-Amethyst, Silbereinzug, ø 2,2 mm
* nylonummantelter Schmuckdraht in Pink, ø 0,4 mm, ca. 50 cm lang

KREUZ IN SILBER-GOLD

* 24 Glasschliffperlen in Silber, ø 4 mm
* ca. 1,5 g Rocailles in Gold, ø 2,2 mm
* nylonummantelter Schmuckdraht in Platin, ø 0,5 mm, ca. 50 cm lang

ZUSÄTZLICH FÜR ALLE DREI KREUZE

* Rohrsteckverschluss in Platin, 5,7 cm lang
* transparenter Nylonfaden, ø 0,25 mm

FÄDELHEFT
Seite 8

1 Einen 1,70 m langen Nylonfaden in die Perlenfädelnadel fädeln und eine Glasschliffperle, eine Rocaille, eine Glasschliffperle und eine Rocaille auffädeln. Ca. 10 cm Fadenende stehen lassen und gemäß Skizze 1 mit einer Nadel weiterarbeiten. Bei dem weißen Kreuz verwenden Sie statt der mit einem * gekennzeichneten Glasschliffperlen Swarovski®-Perlen. Skizze 1

2 Klappen Sie den Perlenstrang zusammen und verbinden Sie die letzte Glasschliffperle mit der ersten. Skizze 2

3 Die Seiten bis zu den quadratischen Flächen aus Glasschliffperlen miteinander verbinden und dabei einzelne Rocailles einfügen. Skizze 3

4 In Höhe der quadratischen Flächen aus Glasschliffperlen den ersten Seitenarm des Kreuzes gemäß Skizze 4 anschließen. Anschließend dessen sowie die weiteren Seiten ringsum wie in Arbeitsschritt 3 beschrieben miteinander verbinden. Auf der gegenüberliegenden Seite ergänzen Sie den zweiten Seitenarm entsprechend. Skizze 4

5 Abschließend auf der Vorder- und Rückseite die Lücken zwischen den seitlichen Rocailles mit einzelnen Rocailles auffüllen (Skizze 5) und dabei auf der Vorderseite die quadratische Fläche aus Glasschliffperlen mit Rocailles überspannen. Skizze 6

6 Anschließend können Sie die Fadenenden zusammenführen, verknoten und vernähen.

7 Nun wird der Schmuckdraht angebracht. Diesen durch den oberen Bereich des Kreuzes fädeln und auf die gewünschte Länge kürzen. Die Drahtenden in die Enden des Rohrsteckverschlusses führen und dort durch Zusammendrücken der Rohrenden fixieren.

Mein Tipp für Sie

Nylonfaden einfädeln Wenn Sie das Ende des Nylonfadens mit einer Flachzange etwas flachdrücken, dann lässt sich der Faden besser in die Nadel einfädeln.

Diana Averdiek ist leidenschaftliche Perlenfädlerin.

Durch ihre Liebe zu Goldschmiedearbeiten sowie autodidaktisch erworbene Kenntnisse in der Arbeit mit Perlen folgten schnell die ersten eigenen Kreationen. Im frechverlag hat sie mehrere Bücher zum Thema Perlenfädeln veröffentlicht.

Lydia Klös ist in Hamm/Westfalen geboren. Das Anfertigen von Schmuck jeglicher Art wurde schnell zu ihrer größten Leidenschaft. Ihr Hobby sollte jedoch erst später zu ihrem Beruf werden. Durch ihre Kindheit auf dem Bauernhof geprägt studierte Lydia Klös Biologie und arbeitete lange Zeit im internationalen Artenschutz. Einige Jahre führte sie neben ihrer Tätigkeit als Biologin einen kleinen Bastelladen und legte als einzige Deutsche die Prüfung zur CPD (Certified Professional Demonstrator) durch den Verband der amerikanischen Bastelindustrie ab.

Heute lebt Lydia Klös mit ihrer Familie in Berlin und ist als Vorführkraft und Workshopleiterin viel auf Messen, Schulungen und im Fach- und Buchhandel unterwegs.

TOPP – Unsere Servicegarantie

WIR SIND FÜR SIE DA! Bei Fragen zu unserem umfangreichen Programm oder Anregungen freuen wir uns über Ihren Anruf oder Ihre Post. Loben Sie uns, aber scheuen Sie sich auch nicht, Ihre Kritik mitzuteilen – sie hilft uns, ständig besser zu werden.

Bei Fragen zu einzelnen Materialien oder Techniken wenden Sie sich bitte an unseren Kreativservice, Frau Erika Noll.

mail@kreativ-service.info
Telefon 0 50 52 / 91 18 58

Das Produktmanagement erreichen Sie unter:

pm@frechverlag.de
oder:
frechverlag
Produktmanagement
Turbinenstraße 7
70499 Stuttgart
Telefon 07 11 / 8 30 86 68

LERNEN SIE UNS BESSER KENNEN! Fragen Sie Ihren Hobbyfach- oder Buchhändler nach unserem kostenlosen Kreativmagazin **Meine kreative Welt.** Darin entdecken Sie vierteljährlich die neuesten Kreativtrends und interessantesten Buchneuheiten.

Oder besuchen Sie uns im Internet! Unter **www.frechverlag.de** können Sie sich über unser umfangreiches Buchprogramm informieren, unsere Autoren kennenlernen sowie aktuelle Highlights und neue Kreativtechniken entdecken, kurz – die ganze Welt der Kreativität.

Kreativ immer up to date sind Sie mit unserem monatlichen **Newsletter** mit den aktuellsten News aus dem frechverlag, Gratis-Bastelanleitungen und attraktiven Gewinnspielen.

IMPRESSUM

FOTOS: frechverlag GmbH, 70499 Stuttgart; lichtpunkt, Michael Ruder, Stuttgart
MODELLE: Diana Averdiek (Seite 2–6, 10–28), Lydia Klös (Seite 8 und 30)
PRODUKTMANAGEMENT UND LEKTORAT: Claudia Mack
GESTALTUNG: Heike Köhl
DRUCK: frechdruck GmbH, 70499 Stuttgart

Auflage: 5. 4. 3. 2. 1.
Jahr: 2014 2013 2012 2011 2010 [Letzte Zahlen maßgebend]

ISBN 978-3-7724-3825-7 • Best.-Nr. 3825 PRINTED IN GERMANY